Midsummer Adventures: Bilingual Swedish-English Stories for Kids

Artici Kids

Published by Artici Kids, 2024.

MIDSUMMER ADVENTURES: BILINGUAL SWEDISH-ENGLISH STORIES FOR KIDS

First edition. June 9, 2024.

ISBN: 979-8227354846

Written by Artici Kids.

Table of Contents

Table of Contents

Mittsommaräventyret

Det var en gång i det gröna landet Sverige, där skogar susade och sjöar glittrade som smaragder i solen, att ett gäng nyfikna barn samlades för att fira den magiska natten av midsommar.

Bland dem fanns det modiga Elin och hennes busiga lillebror Karl, som hade ögon likt nyfödda ugglor och ett leende så ljust som solen själv. Tillsammans med sina vänner, Lina, Gustav och Sofia, bestämde de sig för att utforska de mystiska skogarna och upptäcka vad som gömde sig bland de gröna träden.

Under den ljusa, varma dagen samlade barnen blommor och kvistar för att göra dekorativa kransar att bära på sina huvuden. De skrattade och sjöng medan de flätade blommorna samman, och doften av nyklippt gräs och blommor fyllde luften runt dem.

När solen började sjunka mot horisonten, tog de små äventyrarna ledning av en vänlig gammal man vid namn Olle, som hade levt i skogen hela sitt liv och kände dess hemligheter bättre än någon annan. Med gnistrande ögon och en visslande melodi ledde Olle dem djupt in i skogen, där skuggorna dansade och träden viskade hemligheter.

Plötsligt stannade de framför en glänsande sjö, vars vatten var så klart att det speglade stjärnorna på himlen. "Detta är sjön av drömmar," viskade Olle, "där varje våg bär med sig en önskan som kan bli sann på denna magiska natt."

Barnen tittade förundrat på varandra innan de kastade sina kransar i sjön och önskade sig äventyr och spänning. Deras ögon lyste av förväntan när de började följa en mystisk stig som slingrade sig genom skogen, upplyst av de mjuka strålarna från månen.

Plötsligt hördes ett mystiskt ljud bland träden, och en flock av leende älvor dök upp framför dem. "Välkomna, äventyrare!" sjöng de med sina silkeslena röster. "Vi har väntat på er för att dela med oss av våra magiska gåvor på denna speciella natt."

Med ett glatt skratt dansade barnen med älvorna genom skogen, och snart var de omgivna av en gnistrande glittrande dimma. Där i dimman uppenbarade sig en stor midsommarfest, med musik, dans och en överflöd av godsaker.

Elin och hennes vänner kastade sig in i festligheterna med glädje och entusiasm, och under den magiska natten dansade de runt majstången och lärde sig traditionella svenska danser från de glada älvorna.

När solen började stiga över horisonten, sa älvorna farväl till barnen med en kärleksfull omfamning och ett löfte om att de alltid skulle vara välkomna tillbaka till skogen. Med hjärtan fyllda av minnen och magi återvände barnen till sina hem, där de somnade med ett leende på läpparna och drömmar om nästa midsommaräventyr.

Och så, i det gröna landet Sverige, lever minnet av det magiska mittsommaräventyret vidare, och varje år samlas barn från när och fjärran för att uppleva den underbara natten av midsommar, fylld av skratt, sång och evig vänskap.

The Midsummer Adventure

Once upon a time in the green land of Sweden, where forests whispered and lakes sparkled like emeralds in the sun, a group of curious children gathered to celebrate the magical night of midsummer.

Among them were the brave Elin and her mischievous little brother Karl, with eyes like newborn owls and a smile as bright as the sun itself. Together with their friends, Lina, Gustav, and Sofia, they decided to explore the mysterious forests and discover what hid among the green trees.

During the bright, warm day, the children gathered flowers and twigs to make decorative wreaths to wear on their heads. They laughed and sang as they braided the flowers together, and the scent of freshly cut grass and flowers filled the air around them.

As the sun began to sink towards the horizon, the little adventurers were led by a friendly old man named Olle, who had lived in the forest all his life and knew its secrets better than anyone. With sparkling eyes and a whistling melody, Olle led them deep into the forest, where the shadows danced and the trees whispered secrets.

Suddenly they stopped in front of a gleaming lake, its water so clear that it reflected the stars in the sky. "This is the lake of dreams," whispered Olle, "where each wave carries a wish that can come true on this magical night."

The children looked at each other in amazement before tossing their wreaths into the lake and wishing for adventure and excitement. Their eyes sparkled with anticipation as they began to follow a mysterious path winding through the forest, illuminated by the soft rays of the moon.

Suddenly, a mysterious sound echoed among the trees, and a flock of smiling fairies appeared before them. "Welcome, adventurers!" they sang with their silky voices. "We have been waiting for you to share our magical gifts on this special night."

With a joyful laugh, the children danced with the fairies through the forest, and soon they were surrounded by a sparkling mist. There in the mist appeared a grand midsummer feast, with music, dance, and an abundance of treats.

Elin and her friends threw themselves into the festivities with joy and enthusiasm, and during the magical night, they danced around the maypole and learned traditional Swedish dances from the merry fairies.

As the sun began to rise above the horizon, the fairies bid farewell to the children with a loving embrace and a promise that they would always be welcome back to the forest. With hearts filled with memories and magic, the children returned to their homes, where they fell asleep with a smile on their lips and dreams of the next midsummer adventure.

And so, in the green land of Sweden, the memory of the magical midsummer adventure lives on, and every year children from near and far gather to experience the wonderful night of midsummer, filled with laughter, song, and eternal friendship.

Björnens Mittsommaräventyr

I en liten by omgiven av djupa skogar och klarblå sjöar, där solen aldrig riktigt går ner på sommaren, bodde det en stor, vänlig björn vid namn Bobby. Bobby var inte vilken björn som helst; han hade en glittrande stjärna på sitt bröst som han hade fått av månguden när han var en liten björnunge. Denna stjärna gav honom mod och styrka, men också ett hjärta fyllt av kärlek och vänlighet.

Det var dagen före midsommar, och hela byn var i full gång med att förbereda sig för den stora festen. Bobby stod och såg på när barnen sprang omkring och samlade blommor till sina midsommarkransar. Han älskade midsommar, särskilt eftersom det var den enda tiden på året då han kunde dansa och leka med barnen utan att skrämma dem.

"Bobby, kom och hjälp oss!" ropade lilla Alva, en flicka med flätor som svängde som björkkvistar i vinden. Bobby log och gick fram för att hjälpa henne och de andra barnen. Tillsammans flätade de vackra kransar av blommor och blad.

När kvällen närmade sig, började de vuxna att resa den stora majstången på byns torg. Bobby hjälpte till att lyfta den tunga stången med sin stora björnkraft, och snart stod majstången stolt på sin plats, dekorerad med grönt lövverk och blommor. Alla samlades runt stången och började sjunga och dansa.

Men mitt i all glädje hördes plötsligt ett förskräckt rop. "Hjälp! Min lilla syster är borta!" Det var Alvas storebror, Erik, som ropade. Alvas lillasyster, lilla Linnea, hade försvunnit in i skogen. Alla i byn blev oroliga, men Bobby visste precis vad han skulle göra. Med sin starka näsa kunde han lukta sig till var Linnea hade tagit vägen.

"Följ mig," röt Bobby lugnt och började gå mot skogen. Barnen och de vuxna följde honom tätt. De gick djupt in i skogen, där träden stod tätt och skuggorna dansade i det bleka skymningsljuset. Efter en stund hörde de ett litet snyftande ljud. Där, under en stor ek, satt lilla Linnea, rädd och ensam.

Bobby gick fram till henne och lade försiktigt en stor tass på hennes axel. "Det är okej, lilla vän. Vi är här för att hjälpa dig," sa han mjukt. Linnea tittade upp och såg alla de välbekanta ansiktena. Hon kastade sig i sin brors armar och kramade honom hårt.

När de kom tillbaka till byn, blev det en stor lättnad och glädje. Alla tackade Bobby för hans mod och snabba agerande. Festen fortsatte med ännu mer energi, och Bobby fick en särskild plats i hjärtat av alla i byn.

Natten föll och midsommarbrasan tändes, kastande långa skuggor över marken och fyllde luften med doften av bränt trä och blommor. Bobby satt vid brasan med barnen samlade runt sig. Han berättade historier om stjärnorna och månguden, och barnen lyssnade med stora ögon.

"Berätta mer om stjärnan på ditt bröst, Bobby!" bad Alva. Bobby log och pekade upp mot himlen. "Den här stjärnan," sa han, "är en gåva från månguden för att skydda och hjälpa dem som behöver det. Och ikväll har den gjort sitt jobb."

Barnen tittade beundrande på stjärnan som glimmade svagt i eldens sken. De kände sig trygga med Bobby vid sin sida, och deras hjärtan fylldes av tacksamhet och kärlek.

Så småningom somnade barnen, en efter en, med huvuden lutade mot varandra. Bobby satt vakande över dem, säkerställde att ingen dröm skulle störas av mörkrets skuggor.

Och så, under den klara midsommarnatten, med stjärnorna lysande ovanför och midsommarbrasan som sakta slocknade, visste alla i byn att de hade haft en magisk kväll, fylld av äventyr, vänskap och den oslagbara tryggheten som bara en björn som Bobby kunde ge.

När solen åter steg över horisonten, och den nya dagen grydde, vaknade barnen till ljudet av fågelsång och doften av morgondaggen. De mindes kvällen innan som en underbar dröm, men stjärnan på Bobbys bröst påminde dem om att allt faktiskt hade hänt.

Och så, varje år när midsommar närmade sig, såg barnen fram emot att återuppleva de magiska stunderna med Bobby, björnen med den lysande stjärnan, som alltid skulle finnas där för att skydda och glädja dem.

Året runt talade de om Bobbys modiga insats och vänlighet, och deras berättelser om midsommarnatten blev en del av byns historia, något som skulle berättas vidare i generationer. Bobby själv var stolt och glad över att ha fått vara en del av deras liv och visste att han alltid skulle vara deras vän och beskyddare.

Så levde de alla lyckliga, i det gröna landet Sverige, där midsommarnatten alltid skulle vara fylld av magi, äventyr och en stor björns kärlek och omsorg.

The Bear's Midsummer Adventure

In a small village surrounded by deep forests and clear blue lakes, where the sun never really sets in the summer, there lived a big, friendly bear named Bobby. Bobby was not just any bear; he had a sparkling star on his chest that he had received from the moon god when he was a little cub. This star gave him courage and strength, but also a heart filled with love and kindness.

It was the day before Midsummer, and the whole village was bustling with preparations for the big celebration. Bobby stood watching as the children ran around gathering flowers for their midsummer wreaths. He loved Midsummer, especially because it was the only time of the year when he could dance and play with the children without scaring them.

"Bobby, come and help us!" called little Alva, a girl with braids that swayed like birch branches in the wind. Bobby smiled and walked over to help her and the other children. Together they braided beautiful wreaths of flowers and leaves.

As evening approached, the adults began to raise the large maypole in the village square. Bobby helped lift the heavy pole with his great bear strength, and soon the maypole stood proudly in its place, decorated with green foliage and flowers. Everyone gathered around the pole and started singing and dancing.

But in the midst of all the joy, a frightened cry suddenly rang out. "Help! My little sister is gone!" It was Alva's older brother, Erik, shouting. Alva's little sister, Linnea, had disappeared into the forest. Everyone in the village became worried, but Bobby knew exactly what to do. With his strong nose, he could sniff out where Linnea had gone.

"Follow me," Bobby rumbled calmly and started walking towards the forest. The children and adults followed closely. They walked deep into the forest, where the trees stood tall and the shadows danced in the pale twilight. After a while, they heard a little sniffle. There, under a large oak, sat little Linnea, scared and alone.

Bobby approached her and gently placed a big paw on her shoulder. "It's okay, little one. We are here to help you," he said softly. Linnea looked up and saw all the familiar faces. She threw herself into her brother's arms and hugged him tightly.

When they returned to the village, there was great relief and joy. Everyone thanked Bobby for his bravery and quick actions. The celebration continued with even more energy, and Bobby found a special place in everyone's heart.

Night fell, and the Midsummer bonfire was lit, casting long shadows over the ground and filling the air with the scent of burning wood and flowers. Bobby sat by the fire with the children gathered around him. He told stories about the stars and the moon god, and the children listened with wide eyes.

"Tell us more about the star on your chest, Bobby!" pleaded Alva. Bobby smiled and pointed up at the sky. "This star," he said, "is a gift from the moon god to protect and help those in need. And tonight, it has done its job."

The children looked admiringly at the star that glimmered softly in the firelight. They felt safe with Bobby by their side, and their hearts filled with gratitude and love.

Gradually, the children fell asleep, one by one, with their heads resting against each other. Bobby sat watch over them, ensuring that no dream would be disturbed by the shadows of the night.

And so, under the clear midsummer night, with stars shining above and the Midsummer bonfire slowly fading, everyone in the village knew they had experienced a magical evening, filled with adventure, friendship, and the unbeatable security that only a bear like Bobby could provide.

As the sun rose again over the horizon, and the new day dawned, the children woke to the sound of birdsong and the scent of morning dew. They remembered the night before as a wonderful dream, but the star on Bobby's chest reminded them that it had all really happened.

And so, every year as Midsummer approached, the children looked forward to reliving the magical moments with Bobby, the bear with the shining star, who would always be there to protect and delight them.

Throughout the year, they talked about Bobby's brave deeds and kindness, and their stories of the Midsummer night became part of the village's history, something to be told for generations.

Bobby himself was proud and happy to have been a part of their lives and knew he would always be their friend and protector.

So they all lived happily, in the green land of Sweden, where the Midsummer night would always be filled with magic, adventure, and the great bear's love and care.

Fjärilens Magiska Midsommarnatt

Det var en gång, i en liten svensk by omgiven av täta skogar och glittrande sjöar, att Midsommar närmade sig. I denna by bodde en söt, liten fjäril vid namn Fia. Fia var ingen vanlig fjäril; hon hade glittrande vingar som skimrade i alla regnbågens färger. När hon flög genom skogen, lämnade hon ett spår av magiskt stoft som fick blommorna att blomma ännu vackrare.

Det var den stora dagen, Midsommarafton, och byns invånare var upptagna med att förbereda festligheterna. Fia satt på en vacker blomma och såg på när barnen samlade blommor till sina midsommarkransar. Hon älskade Midsommar, särskilt eftersom det var den enda tiden på året då hon kunde vara nära människor utan att de blev rädda.

"Kom och hjälp oss, Fia!" ropade lilla Emma, en flicka med flätor som svängde som björkkvistar i vinden. Fia log och flög fram för att hjälpa henne och de andra barnen. Tillsammans flätade de vackra kransar av blommor och blad. När kransarna var färdiga, placerade Fia ett litet magiskt stoft på dem, så att de skimrade lika mycket som hennes vingar.

När kvällen närmade sig, började de vuxna att resa den stora majstången på byns torg. Fia svävade omkring och hjälpte till genom att strö magiskt stoft över stången, vilket gjorde den ännu vackrare. Alla samlades runt majstången och började sjunga och dansa.

Men mitt i all glädje hördes plötsligt ett förskräckt rop. "Hjälp! Min kattunge är borta!" Det var Emmas storebror, Anton, som ropade. Emmas lilla kattunge, Lilla My, hade försvunnit in i skogen. Alla i byn blev oroliga, men Fia visste precis vad hon skulle göra. Med sina magiska vingar kunde hon snabbt flyga genom skogen och leta efter Lilla My.

"Följ mig," ropade Fia med en lugnande röst och började flyga mot skogen. Barnen och de vuxna följde henne tätt. De gick djupt in i skogen, där träden stod tätt och skuggorna dansade i det bleka skymningsljuset. Efter en stund hörde de ett litet mjauande ljud. Där, under en stor ek, satt Lilla My, rädd och ensam.

Fia flög ner till kattungen och lät sitt magiska stoft falla över henne. "Det är okej, lilla vän. Vi är här för att hjälpa dig," sa Fia mjukt. Lilla My tittade upp och såg alla de välbekanta ansiktena. Hon sprang rakt in i Emmas famn och kurrade nöjt.

När de kom tillbaka till byn, blev det en stor lättnad och glädje. Alla tackade Fia för hennes mod och snabba agerande. Festen fortsatte med ännu mer energi, och Fia fick en särskild plats i hjärtat av alla i byn.

Natten föll och midsommarbrasan tändes, kastande långa skuggor över marken och fyllde luften med doften av bränt trä och blommor. Fia satt på en blomma vid brasan med barnen samlade runt sig. Hon berättade historier om stjärnorna och månens magi, och barnen lyssnade med stora ögon.

"Berätta mer om ditt magiska stoft, Fia!" bad Emma. Fia log och lät lite stoft falla från sina vingar. "Det här stoftet," sa hon, "är en gåva från naturens andar för att sprida glädje och skönhet. Och ikväll har det gjort sitt jobb."

Barnen tittade beundrande på det skimrande stoftet som glimmade i eldens sken. De kände sig trygga med Fia vid sin sida, och deras hjärtan fylldes av tacksamhet och kärlek.

Så småningom somnade barnen, en efter en, med huvuden lutade mot varandra. Fia satt vakande över dem, säkerställde att ingen dröm skulle störas av mörkrets skuggor.

Och så, under den klara midsommarnatten, med stjärnorna lysande ovanför och midsommarbrasan som sakta slocknade, visste alla i byn att de hade haft en magisk kväll, fylld av äventyr, vänskap och den oslagbara tryggheten som bara en fjäril som Fia kunde ge.

När solen åter steg över horisonten, och den nya dagen grydde, vaknade barnen till ljudet av fågelsång och doften av morgondaggen. De mindes kvällen innan som en underbar dröm, men det skimrande stoftet på deras midsommarkransar påminde dem om att allt faktiskt hade hänt.

Och så, varje år när midsommar närmade sig, såg barnen fram emot att återuppleva de magiska stunderna med Fia, fjärilen med de skimrande vingarna, som alltid skulle finnas där för att skydda och glädja dem.

Året runt talade de om Fias modiga insats och vänlighet, och deras berättelser om midsommarnatten blev en del av byns historia, något som skulle berättas vidare i generationer. Fia själv var stolt och glad över att ha fått vara en del av deras liv och visste att hon alltid skulle vara deras vän och beskyddare.

Så levde de alla lyckliga, i det gröna landet Sverige, där midsommarnatten alltid skulle vara fylld av magi, äventyr och en liten fjärils kärlek och omsorg.

The Butterfly's Magical Midsummer Night

Once upon a time, in a small Swedish village surrounded by dense forests and sparkling lakes, Midsummer was approaching. In this village lived a sweet little butterfly named Fia. Fia was no ordinary butterfly; she had shimmering wings that glistened in all the colors of the rainbow. When she flew through the forest, she left a trail of magical dust that made the flowers bloom even more beautifully.

It was the big day, Midsummer Eve, and the villagers were busy preparing for the festivities. Fia sat on a beautiful flower and watched as the children gathered flowers for their midsummer wreaths. She loved Midsummer, especially because it was the only time of the year when she could be close to people without scaring them.

"Come and help us, Fia!" called little Emma, a girl with braids that swayed like birch branches in the wind. Fia smiled and flew over to help her and the other children. Together they braided beautiful wreaths of flowers and leaves. When the wreaths were finished, Fia sprinkled a little magical dust on them, making them shimmer as much as her wings.

As evening approached, the adults began to raise the large maypole in the village square. Fia fluttered around, helping by sprinkling magical dust over the pole, making it even more beautiful. Everyone gathered around the maypole and started singing and dancing.

But in the midst of all the joy, a frightened cry suddenly rang out. "Help! My kitten is missing!" It was Emma's older brother, Anton, shouting. Emma's little kitten, Lilla My, had disappeared into the forest. Everyone in the village became worried, but Fia knew exactly what to do. With her magical wings, she could quickly fly through the forest and look for Lilla My.

"Follow me," Fia called in a calming voice and began to fly towards the forest. The children and adults followed her closely. They walked deep into the forest, where the trees stood tall and the shadows danced in the pale twilight. After a while, they heard a little meowing sound. There, under a large oak, sat Lilla My, scared and alone.

Fia flew down to the kitten and let her magical dust fall over her. "It's okay, little one. We are here to help you," Fia said softly. Lilla My looked up and saw all the familiar faces. She ran straight into Emma's arms and purred contentedly.

When they returned to the village, there was great relief and joy. Everyone thanked Fia for her bravery and quick actions. The celebration continued with even more energy, and Fia found a special place in everyone's heart.

Night fell, and the Midsummer bonfire was lit, casting long shadows over the ground and filling the air with the scent of burning wood and flowers. Fia sat on a flower by the fire with the children gathered around her. She told stories about the stars and the magic of the moon, and the children listened with wide eyes.

"Tell us more about your magical dust, Fia!" begged Emma. Fia smiled and let a little dust fall from her wings. "This dust," she said, "is a gift from the nature spirits to spread joy and beauty. And tonight it has done its job."

The children looked admiringly at the shimmering dust that glittered in the firelight. They felt safe with Fia by their side, and their hearts filled with gratitude and love.

Gradually, the children fell asleep, one by one, with their heads resting against each other. Fia sat watching over them, ensuring that no dream would be disturbed by the shadows of the night.

And so, under the clear midsummer night, with stars shining above and the Midsummer bonfire slowly dying down, everyone in the village knew they had experienced a magical evening, filled with adventure, friendship, and the unbeatable security that only a butterfly like Fia could provide.

As the sun rose again over the horizon, and the new day dawned, the children woke to the sound of birdsong and the scent of morning dew. They remembered the night before as a wonderful dream, but the shimmering dust on their midsummer wreaths reminded them that it had all really happened.

And so, every year as Midsummer approached, the children looked forward to reliving the magical moments with Fia, the butterfly with the shimmering wings, who would always be there to protect and delight them.

Throughout the year, they talked about Fia's brave deeds and kindness, and their stories of the Midsummer night became part of the village's history, something to be told for generations. Fia herself was proud and happy to have been a part of their lives and knew that she would always be their friend and protector.

So they all lived happily, in the green land of Sweden, where the Midsummer night would always be filled with magic, adventure, and a little butterfly's love and care.

Sjöjungfruns Magiska Midsommar

Det var en gång, i den lilla svenska byn Solvik, där den djupa skogen mötte den klara, glittrande sjön, att Midsommar närmade sig. Alla i byn förberedde sig för den stora festen med sång, dans och blomsterkransar. Men det fanns en hemlighet under ytan av den fridfulla sjön – en sjöjungfru vid namn Milla.

Milla var inte vilken sjöjungfru som helst; hon hade ett långt, silkeslent hår som skimrade som månljuset och en svans som glittrade i alla regnbågens färger. Milla älskade Midsommar, för det var den enda tiden på året när hon kunde komma upp till ytan och delta i festligheterna utan att skrämma någon.

Denna Midsommarafton var speciell, för Milla hade hört rykten om en magisk blomma, nattens hjärta, som bara blommade en gång varje Midsommarnatt. Den som fann blomman skulle få uppfylla ett önskning, och Milla önskade inget hellre än att få vandra på land för en dag.

Tidigt på morgonen när solen just hade stigit, simmade Milla närmare stranden där barnen samlade blommor till sina midsommarkransar. Hon höll sig gömd bakom en sten och såg på när barnen, med flätor och skratt, band sina kransar. Hon önskade så innerligt att få vara en del av deras glädje.

Plötsligt hörde Milla en röst bakom sig. "Hej där, är du också här för att fira Midsommar?" Milla vände sig om och såg en liten pojke med stora, nyfikna ögon. Han hette Lukas, och till hennes förvåning blev han inte alls rädd när han såg hennes sjöjungfrusvans.

"Ja," svarade Milla blygt, "men jag kan inte riktigt delta som ni andra. Jag letar efter nattens hjärta, den magiska blomman som kan uppfylla en önskning."

Lukas ögon lyste upp. "Jag har hört om den! Vi kan leta tillsammans!" sa han entusiastiskt. Milla blev glad och följde med Lukas längs stranden och in i skogen där blommorna växte som tätast.

De letade hela dagen, och när kvällen närmade sig, började de tappa hoppet. Men då, när solen började sjunka bakom träden och himlen färgades rosa och guld, såg de ett svagt sken längre in i skogen. Där, mitt i en glänta, stod nattens hjärta, en blomma som glödde som en stjärna.

"Vi hittade den!" ropade Lukas. Milla kände sitt hjärta slå snabbare av spänning. De närmade sig försiktigt blomman, och när Milla rörde vid den med sin hand, kände hon en varm, magisk kraft strömma genom sig.

"Önska dig något, Milla," viskade Lukas. Milla blundade och tänkte på sin önskan. "Jag önskar att få vandra på land för en dag och fira Midsommar med mina nya vänner."

Plötsligt kände Milla en förändring. När hon öppnade ögonen såg hon att hennes svans hade förvandlats till ben. Hon var nu en människa, klädd i en vacker klänning som skimrade som hennes tidigare sjöjungfrusvans. Lukas klappade händerna av glädje.

"Nu kan vi fira tillsammans!" sa han. De skyndade tillbaka till byn där festligheterna var i full gång. Milla blev snabbt vän med de andra barnen, och de dansade runt majstången, sjöng och skrattade hela natten.

När natten föll och midsommarbrasan tändes, satt Milla och Lukas vid elden med de andra barnen runt sig. De berättade historier och sjöng sånger, och Milla kände en värme i sitt hjärta som hon aldrig tidigare känt.

"Berätta mer om ditt hem under vattnet, Milla!" bad Emma, en flicka med flätor som svängde som björkkvistar i vinden. Milla log och började berätta om undervattensvärldens skönhet, om färgglada fiskar och korallrev som glittrade i månljuset.

Barnen lyssnade med stora ögon, och Milla kände sig som en del av deras gemenskap. Hon visste att denna natt skulle vara ett minne för livet, inte bara för henne, utan för alla barnen som fick höra om sjöjungfruns värld.

Så småningom somnade barnen en efter en, med huvuden lutade mot varandra. Milla satt vakande över dem, precis som hon skulle gjort under vattnet, säkerställde att ingen dröm skulle störas av nattens skuggor.

När solen åter steg över horisonten, och den nya dagen grydde, kände Milla att förtrollningen höll på att brytas. Hennes ben förvandlades sakta tillbaka till en sjöjungfrusvans. Hon visste att det var dags att återvända till sjön, men hon var inte ledsen.

Lukas följde henne till strandkanten. "Tack för att du delade denna magiska natt med oss, Milla," sa han och kramade henne. Milla log och kände tårar av glädje och tacksamhet.

"Vi ses igen, Lukas. Och glöm aldrig magin i Midsommar," svarade hon innan hon dök ner i det klara vattnet. När hon simmade bort, såg hon tillbaka och vinkade till sina nya vänner på stranden.

Året runt talade barnen om den magiska natten med Milla, sjöjungfrun som fick vandra på land och fira Midsommar med dem. Deras berättelser om midsommarnatten blev en del av byns historia, något som skulle berättas vidare i generationer.

Milla själv simmade tillbaka till sitt undervattenshem, fylld med nya minnen och en känsla av gemenskap. Hon visste att hon alltid skulle ha vänner på land, och varje år när Midsommar närmade sig, såg hon fram emot att återuppleva de magiska stunderna, om så bara på avstånd.

Och så levde de alla lyckliga, i det gröna landet Sverige, där midsommarnatten alltid skulle vara fylld av magi, äventyr och en liten sjöjungfrus kärlek och omsorg.

The Mermaid's Magical Midsummer

Once upon a time, in the small Swedish village of Solvik, where the deep forest met the clear, sparkling lake, Midsummer was approaching. Everyone in the village was preparing for the big celebration with songs, dancing, and flower wreaths. But beneath the surface of the peaceful lake, there was a secret—a mermaid named Milla.

Milla was not just any mermaid; she had long, silky hair that shimmered like moonlight and a tail that glittered in all the colors of the rainbow. Milla loved Midsummer because it was the only time of year when she could come up to the surface and join in the festivities without scaring anyone.

This Midsummer Eve was special because Milla had heard rumors about a magical flower, the Heart of the Night, which only bloomed once every Midsummer night. Whoever found the flower would have a wish granted, and Milla wished for nothing more than to walk on land for a day.

Early in the morning, just as the sun had risen, Milla swam closer to the shore where children were gathering flowers for their midsummer wreaths. She kept herself hidden behind a rock and watched as the children, with their braids and laughter, made their wreaths. She longed so much to be a part of their joy.

Suddenly, Milla heard a voice behind her. "Hello there, are you here to celebrate Midsummer too?" Milla turned around and saw a little boy with big, curious eyes. His name was Lukas, and to her surprise, he wasn't scared at all when he saw her mermaid tail.

"Yes," Milla answered shyly, "but I can't really join in like the rest of you. I'm looking for the Heart of the Night, the magical flower that can grant a wish."

Lukas' eyes lit up. "I've heard about that! We can look for it together!" he said enthusiastically. Milla was happy and followed Lukas along the shore and into the forest where the flowers grew the thickest.

They searched all day, and as evening approached, they began to lose hope. But then, as the sun began to set behind the trees and the sky turned pink and gold, they saw a faint glow further into the forest. There, in the middle of a glade, stood the Heart of the Night, a flower that glowed like a star.

"We found it!" shouted Lukas. Milla felt her heart beat faster with excitement. They approached the flower carefully, and when Milla touched it with her hand, she felt a warm, magical power flow through her.

"Make a wish, Milla," whispered Lukas. Milla closed her eyes and thought of her wish. "I wish to walk on land for a day and celebrate Midsummer with my new friends."

Suddenly, Milla felt a change. When she opened her eyes, she saw that her tail had transformed into legs. She was now a human, dressed in a beautiful dress that shimmered like her former mermaid tail. Lukas clapped his hands with joy.

"Now we can celebrate together!" he said. They hurried back to the village where the festivities were in full swing. Milla quickly made friends with the other children, and they danced around the maypole, sang, and laughed all night.

As night fell and the Midsummer bonfire was lit, Milla and Lukas sat by the fire with the other children around them. They told stories and sang songs, and Milla felt a warmth in her heart she had never felt before.

"Tell us more about your home under the water, Milla!" asked Emma, a girl with braids that swayed like birch branches in the wind. Milla smiled and began to tell them about the beauty of the underwater world, about colorful fish and coral reefs that glittered in the moonlight.

The children listened with wide eyes, and Milla felt like a part of their community. She knew that this night would be a memory for life, not just for her, but for all the children who got to hear about the mermaid's world.

Eventually, the children fell asleep one by one, their heads resting against each other. Milla sat watching over them, just as she would have done under the water, ensuring that no dream would be disturbed by the night's shadows.

When the sun rose again, and the new day dawned, Milla felt the enchantment starting to break. Her legs slowly transformed back into a mermaid tail. She knew it was time to return to the lake, but she wasn't sad.

Lukas followed her to the water's edge. "Thank you for sharing this magical night with us, Milla," he said, hugging her. Milla smiled, feeling tears of joy and gratitude.

"See you again, Lukas. And never forget the magic of Midsummer," she replied before diving into the clear water. As she swam away, she looked back and waved to her new friends on the shore.

Throughout the year, the children talked about the magical night with Milla, the mermaid who got to walk on land and celebrate Midsummer with them. Their stories about the Midsummer night became part of the village's history, something to be passed down through generations.

Milla swam back to her underwater home, filled with new memories and a sense of community. She knew she would always have friends on land, and every year as Midsummer approached, she looked forward to reliving the magical moments, even if just from a distance.

And so they all lived happily ever after, in the green land of Sweden, where the Midsummer night would always be filled with magic, adventure, and a little mermaid's love and care.

Enhörningens Magiska Midsommar

Det var en gång, i en liten by i Sverige som hette Solgläntan, en särskild tid på året när solen knappt gick ner och hela världen verkade vara fylld av magi. Det var Midsommar, och invånarna i Solgläntan förberedde sig för den stora festligheten med dans, sång och vackra blomsterkransar.

Men vad ingen visste var att djupt inne i den närliggande skogen, där tallarna stod tätt och mossa täckte marken som en grön matta, levde en enhörning vid namn Luna. Luna var ingen vanlig enhörning; hennes päls skimrade som månskenet, och hennes horn glittrade som en diamant i solen. Luna älskade Midsommar, för det var den enda tiden på året när hon kunde visa sig för människorna utan att de blev rädda.

Det var Midsommarafton och barnen i Solgläntan sprang runt och samlade blommor till sina kransar. Luna stod gömd bakom en stor ek och såg på dem med längtan i ögonen. Hon önskade att hon kunde delta i deras glädje och dansa runt majstången tillsammans med dem.

Plötsligt hörde Luna ett bekymrat rop. "Min hund, Max, är borta!" Det var en liten pojke vid namn Leo som ropade. Hans hund hade sprungit iväg in i skogen och var nu försvunnen. Alla i byn blev oroliga, men Luna visste precis vad hon skulle göra. Hon steg fram ur sitt gömställe och lät sitt horn lysa klart för att visa att hon var där för att hjälpa.

Barnen och de vuxna stirrade förvånat på den vackra enhörningen, men de kände sig snart lugnade av hennes vänliga ögon och majestätiska utstrålning. "Följ mig," sa Luna med en röst som lät som en mjuk viskning i vinden.

De följde Luna in i skogen, där träden stod tätt och skuggorna dansade i det bleka skymningsljuset. Med sitt magiska horn kunde Luna snabbt lokalisera Max. Hon lät sitt horn lysa ännu starkare och ledde dem till en liten glänta där Max satt fast i en buske. Med ett försiktigt steg närmade sig Luna och frigjorde honom med en liten beröring av sitt horn.

Leo sprang fram och kramade sin hund hårt. "Tack, Luna!" ropade han och kramade enhörningen om halsen. Luna log och kände en värme sprida sig i hjärtat. Hon visste att hon hade gjort en god gärning.

När de återvände till byn blev det stor jubel och glädje. Alla tackade Luna för hennes hjälp, och hon blev snabbt en vän till alla i Solgläntan. Festligheterna fortsatte med ännu mer energi, och Luna fick en särskild plats i hjärtat av alla i byn.

Natten föll och midsommarbrasan tändes, kastande långa skuggor över marken och fyllde luften med doften av bränt trä och blommor. Luna satt vid elden med barnen samlade runt sig. Hon berättade sagor om stjärnorna och magiska riken långt bortom deras värld, och barnen lyssnade med stora ögon.

"Berätta mer om dina äventyr, Luna!" bad en flicka som hette Emma. Luna log och började berätta om sina resor genom förtrollade skogar och över skimrande sjöar, om vänskapen med älvor och om de magiska krafter som bodde inom henne.

Barnen lyssnade fascinerat, och Luna kände sig som en del av deras gemenskap. Hon visste att denna natt skulle bli ett minne för livet, inte bara för henne, utan för alla barnen som fick höra om enhörningens magiska värld.

Så småningom somnade barnen en efter en, med huvuden lutade mot varandra. Luna satt vakande över dem, precis som hon skulle ha gjort för sina egna föl, säkerställde att ingen dröm skulle störas av nattens skuggor.

När solen åter steg över horisonten, och den nya dagen grydde, kände Luna att magin i midsommarnatten skulle leva kvar i deras hjärtan för alltid. Hon visste att det var dags att återvända till skogen, men hon var inte ledsen. Hon visste att hon alltid skulle ha vänner i Solgläntan, och varje år när Midsommar närmade sig, såg hon fram emot att återuppleva de magiska stunderna.

Leo följde henne till skogsbrynet. "Tack för att du delade denna magiska natt med oss, Luna," sa han och kramade henne. Luna log och kände tårar av glädje och tacksamhet.

"Vi ses igen, Leo. Och glöm aldrig magin i Midsommar," svarade hon innan hon galopperade tillbaka in i skogen. När hon försvann bland träden, såg hon tillbaka och vinkade till sina nya vänner på stranden.

Och så levde de alla lyckliga, i det gröna landet Sverige, där midsommarnatten alltid skulle vara fylld av magi, äventyr och en liten enhörnings kärlek och omsorg.

The Unicorn's Magical Midsummer

Once upon a time, in a small Swedish village called Sun Glade, there was a special time of year when the sun barely set and the whole world seemed filled with magic. It was Midsummer, and the villagers of Sun Glade were preparing for the big celebration with dancing, singing, and beautiful flower wreaths.

But what no one knew was that deep in the nearby forest, where the pines stood tall and moss covered the ground like a green carpet, lived a unicorn named Luna. Luna was no ordinary unicorn; her coat shimmered like moonlight, and her horn sparkled like a diamond in the sun. Luna loved Midsummer because it was the only time of year she could show herself to the people without scaring them.

It was Midsummer Eve, and the children in Sun Glade were running around gathering flowers for their wreaths. Luna stood hidden behind a large oak tree, watching them with longing in her eyes. She wished she could join in their joy and dance around the maypole with them.

Suddenly, Luna heard a worried cry. "My dog, Max, is missing!" It was a little boy named Leo shouting. His dog had run off into the forest and was now lost. Everyone in the village was concerned, but Luna knew exactly what to do. She stepped out from her hiding place and let her horn shine brightly to show that she was there to help.

The children and adults stared in amazement at the beautiful unicorn, but they soon felt reassured by her kind eyes and majestic presence. "Follow me," said Luna in a voice that sounded like a soft whisper in the wind.

They followed Luna into the forest, where the trees stood close together and the shadows danced in the pale twilight. With her magical horn, Luna quickly located Max. She let her horn shine even brighter and led them to a small clearing where Max was trapped in a bush. With a gentle step, Luna approached and freed him with a light touch of her horn.

Leo ran up and hugged his dog tightly. "Thank you, Luna!" he shouted, hugging the unicorn around her neck. Luna smiled and felt a warmth spread through her heart. She knew she had done a good deed.

When they returned to the village, there was great rejoicing and happiness. Everyone thanked Luna for her help, and she quickly became a friend to everyone in Sun Glade. The festivities continued with even more energy, and Luna found a special place in the hearts of all the villagers.

Night fell and the Midsummer bonfire was lit, casting long shadows over the ground and filling the air with the scent of burning wood and flowers. Luna sat by the fire with the children gathered around her. She told stories about the stars and magical realms far beyond their world, and the children listened with wide eyes.

"Tell us more about your adventures, Luna!" begged a girl named Emma. Luna smiled and began to recount her journeys through enchanted forests and across shimmering lakes, about her friendships with fairies and the magical powers that resided within her.

The children listened in fascination, and Luna felt like a part of their community. She knew that this night would be a memory for life, not just for her, but for all the children who got to hear about the unicorn's magical world.

Eventually, the children fell asleep one by one, their heads resting against each other. Luna sat watching over them, just as she would have done for her own foals, ensuring that no dream would be disturbed by the night's shadows.

When the sun rose again, and the new day dawned, Luna felt that the magic of the Midsummer night would live on in their hearts forever. She knew it was time to return to the forest, but she wasn't sad. She knew she would always have friends in Sun Glade, and every year when Midsummer approached, she looked forward to reliving the magical moments.

Leo followed her to the edge of the forest. "Thank you for sharing this magical night with us, Luna," he said, hugging her. Luna smiled, feeling tears of joy and gratitude.

"See you again, Leo. And never forget the magic of Midsummer," she replied before galloping back into the forest. As she disappeared among the trees, she looked back and waved to her new friends on the shore.

And so they all lived happily ever after, in the green land of Sweden, where the Midsummer night would always be filled with magic, adventure, and a little unicorn's love and care.

Familjen Ekströms Magiska Midsommar

Det var en gång, i en liten by i Sverige som hette Björkeby, en särskild tid på året när solen knappt gick ner och hela världen verkade vara fylld av magi. Det var Midsommar, och byns invånare förberedde sig för den stora festligheten med sång, dans och vackra blomsterkransar. I en röd liten stuga vid skogsbrynet bodde familjen Ekström: pappa Erik, mamma Anna, och deras två barn, Lisa och Emil.

Lisa, med sitt gyllene hår flätat i två långa flätor, var den som mest såg fram emot Midsommar. Hon älskade att plocka blommor och binda kransar, dansa runt majstången och njuta av den speciella känslan av magi som alltid verkade ligga i luften denna tid på året. Emil, hennes yngre bror, var lika förväntansfull. Han hade hört så många sagor om troll, älvor och magiska varelser som bara visade sig på Midsommarafton.

Dagen innan Midsommarafton vaknade familjen tidigt. Anna och Erik gick ut på åkrarna för att plocka blommor till midsommarkransarna. Lisa och Emil följde med, springande över de daggvåta ängarna, och fyllde sina korgar med prästkragar, smörblommor och blåklint.

"Se här, Emil! Den här blomman är perfekt för vår krans," ropade Lisa och höll upp en stor blåklint. Emil log stort och lade den i sin korg. De skrattade och pratade om allt de skulle göra på

Midsommarafton, medan de plockade blommor tills deras korgar var överfulla.

Tillbaka hemma i stugan hjälpte Anna och Erik barnen att binda blomsterkransar. Anna visade dem hur man flätade in blommorna ordentligt så att kransarna höll hela dagen. När kransarna var klara, satte Lisa och Emil stolt dem på sina huvuden och speglade sig i fönstret.

"Vi ser ut som midsommardrottningen och midsommarkungen!" skrattade Lisa och snurrade runt i sin klänning.

På Midsommarafton började festligheterna i byn redan tidigt. Majstången restes mitt på torget, och alla hjälptes åt att dekorera den med blommor och löv. Erik och Anna hängde upp girlanger av björkris, medan barnen sprang runt och hjälpte till att hänga blommor högt upp på stången.

När majstången var färdig började dansen. Alla i byn, unga som gamla, höll varandra i händerna och dansade runt stången. Musik spelades på dragspel och fioler, och skratten ekade över hela torget. Lisa och Emil dansade glatt med, snurrande och skrattande, medan deras blomsterkransar vajade i takt med deras rörelser.

Efter dansen var det dags för den stora midsommarmåltiden. Långbord dukades upp med sill, potatis, jordgubbar och gräddtårta. Anna hade bakat en särskild midsommartårta med massor av färska jordgubbar och vispgrädde. Erik skar upp sillen och serverade med färskpotatis och gräslök. Alla åt med god aptit och njöt av den festliga stämningen.

När solen började sänka sig och skuggorna blev längre, tändes midsommarbrasan. Elden kastade långa skuggor över marken och fyllde luften med doften av bränt trä och blommor. Lisa och Emil satt vid elden med de andra barnen, och de vuxna berättade sagor om gamla tider och magiska varelser.

"Berätta en saga om älvor, mamma!" bad Emil och lutade sig mot Anna. Hon log och började berätta om älvornas nattliga danser och deras glittrande vingar. Barnen lyssnade fascinerat, och Lisa kände en pirrande känsla av magi i luften.

Plötsligt hördes ett prasslande ljud från skogen. Alla tystnade och vände blicken mot ljudet. Ut ur skogen kom en liten älva, med vingar som glittrade i månskenet. Hon log och vinkade åt barnen, som stirrade förundrat.

"God afton, kära vänner," sa älvan med en röst som lät som en mjuk viskning i vinden. "Jag är här för att fira Midsommar med er och dela min magi."

Barnen skrattade av glädje och samlades runt älvan. Hon berättade om sitt liv i skogen och hur hon och hennes vänner firade Midsommar varje år. Hon lärde barnen en speciell dans, och de dansade tillsammans runt brasan under stjärnornas sken.

När natten föll och elden började slockna, kände barnen sig trötta men lyckliga. Älvan log och strödde lite av sitt magiska stoft över dem. "Nu är det dags att sova, mina vänner. Dröm sött och låt midsommarnattens magi vaka över er."

Barnen somnade snabbt, med drömmar om älvor och magiska äventyr. Älvan vinkade farväl och försvann tillbaka in i skogen, men hennes magi stannade kvar hos barnen.

När solen åter steg över horisonten, och den nya dagen grydde, vaknade Lisa och Emil med ett leende. De mindes natten som en dröm, men magin de kände var verklig. De visste att Midsommar alltid skulle vara en tid av glädje och magi, en tid då allt kunde hända.

Familjen Ekström kände en djup tacksamhet för den underbara Midsommaraftonen de hade delat. De visste att dessa minnen skulle stanna hos dem för alltid, och varje år när Midsommar närmade sig, skulle de minnas älvan och den magiska natten.

Och så levde de alla lyckliga, i det gröna landet Sverige, där midsommarnatten alltid skulle vara fylld av magi, äventyr och kärlek.

The Ekström Family's Magical Midsummer

Once upon a time, in a small village in Sweden called Björkeby, there was a special time of year when the sun barely set, and the whole world seemed to be filled with magic. It was Midsummer, and the village inhabitants were preparing for the grand celebration with singing, dancing, and beautiful flower wreaths. In a little red cottage by the edge of the forest lived the Ekström family: father Erik, mother Anna, and their two children, Lisa and Emil.

Lisa, with her golden hair braided into two long plaits, was the one who looked forward to Midsummer the most. She loved picking flowers and making wreaths, dancing around the maypole, and enjoying the special feeling of magic that always seemed to fill the air at this time of year. Emil, her younger brother, was just as excited. He had heard many stories about trolls, fairies, and magical creatures that only appeared on Midsummer's Eve.

The day before Midsummer's Eve, the family woke up early. Anna and Erik went out to the fields to pick flowers for the Midsummer wreaths. Lisa and Emil followed, running across the dewy meadows and filling their baskets with daisies, buttercups, and cornflowers.

"Look here, Emil! This flower is perfect for our wreath," called Lisa, holding up a large cornflower. Emil beamed and placed it in his basket. They laughed and chatted about all they would do on Midsummer's Eve while picking flowers until their baskets were overflowing.

Back home in the cottage, Anna and Erik helped the children weave the flower wreaths. Anna showed them how to braid the flowers properly so that the wreaths would last all day. When the wreaths were finished, Lisa and Emil proudly placed them on their heads and admired themselves in the window.

"We look like the Midsummer queen and king!" laughed Lisa, twirling around in her dress.

On Midsummer's Eve, the festivities in the village began early. The maypole was raised in the town square, and everyone helped decorate it with flowers and leaves. Erik and Anna hung garlands of birch branches, while the children ran around, helping to hang flowers high up on the pole.

When the maypole was ready, the dancing began. Everyone in the village, young and old, held hands and danced around the pole. Music played from accordions and fiddles, and laughter echoed across the square. Lisa and Emil danced joyfully, spinning and laughing, while their flower wreaths swayed in time with their movements.

After the dancing, it was time for the grand Midsummer meal. Long tables were set up with herring, potatoes, strawberries, and cream cake. Anna had baked a special Midsummer cake with lots of fresh strawberries and whipped cream. Erik served the herring with fresh potatoes and chives. Everyone ate heartily and enjoyed the festive atmosphere.

As the sun began to set and the shadows grew longer, the Midsummer bonfire was lit. The fire cast long shadows over the ground and filled the air with the scent of burning wood and flowers. Lisa and Emil sat by the fire with the other children, and the adults told stories about old times and magical creatures.

"Tell us a fairy tale about fairies, Mom!" begged Emil, leaning against Anna. She smiled and began to tell them about the fairies' nocturnal dances and their glittering wings. The children listened intently, and Lisa felt a tingling sense of magic in the air.

Suddenly, a rustling sound came from the forest. Everyone fell silent and turned toward the noise. Out of the forest came a little fairy, with wings that glittered in the moonlight. She smiled and waved at the children, who stared in wonder.

"Good evening, dear friends," said the fairy, her voice sounding like a soft whisper in the wind. "I am here to celebrate Midsummer with you and share my magic."

The children laughed with joy and gathered around the fairy. She told them about her life in the forest and how she and her friends celebrated Midsummer each year. She taught the children a special dance, and they danced together around the bonfire under the starlit sky.

As the night wore on and the fire began to die down, the children felt tired but happy. The fairy smiled and sprinkled some of her magical dust over them. "Now it's time to sleep, my friends. Dream sweetly and let the magic of Midsummer's night watch over you."

The children quickly fell asleep, dreaming of fairies and magical adventures. The fairy waved goodbye and disappeared back into the forest, but her magic stayed with the children.

When the sun rose again, and the new day dawned, Lisa and Emil woke up with smiles on their faces. They remembered the night as if it were a dream, but the magic they felt was real. They knew that Midsummer would always be a time of joy and magic, a time when anything could happen.

The Ekström family felt a deep gratitude for the wonderful Midsummer's Eve they had shared. They knew that these memories would stay with them forever, and every year when Midsummer approached, they would remember the fairy and the magical night.

And so they all lived happily, in the green land of Sweden, where the Midsummer night would always be filled with magic, adventure, and love.

Trollet Trulls och den Magiska Midsommaren

Det var en gång, djupt inne i en förtrollad skog i Sverige, ett snällt men väldigt ensamt troll vid namn Trulls. Trulls bodde i en grotta under en gammal ek, täckt av mossa och slingrande rankor. Trots sin storlek och sitt rufsiga utseende var Trulls mycket vänlig och hade ett hjärta av guld. Men tyvärr var alla byborna rädda för honom, eftersom de trodde att alla troll var farliga och elaka.

Varje år när Midsommar närmade sig, hörde Trulls ljuden av glädje och skratt från den lilla byn Björkeby som låg i närheten av hans skog. Han såg på från avstånd när byborna reste majstången, band blomsterkransar och dansade till musiken. Hans hjärta fylldes av längtan att få vara med och fira, men han vågade aldrig närma sig.

En dag, precis innan Midsommarafton, bestämde sig Trulls för att han inte längre kunde stå ut med sin ensamhet. Han ville också vara en del av glädjen och festligheterna. Så han satte på sig sin finaste mossklädsel, borstade sina långa skäggstrån och gav sig av mot byn.

När Trulls närmade sig byn såg han barnen Lisa och Emil plocka blommor på en äng. Han gömde sig bakom en stor sten och tittade på dem. Plötsligt hörde han en röst bakom sig. "Vad gör du här, troll?" Det var byns modiga pojke, Leo, som hade smugit sig på honom.

Trulls ryckte till men såg snällt på Leo. "Jag heter Trulls och jag vill bara fira Midsommar med er. Jag är inte farlig, jag lovar."

Leo tittade länge på Trulls och såg ärligheten i hans ögon. "Okej, Trulls. Jag tror dig. Kom så går vi och träffar de andra."

Leo ledde Trulls till byn, där han genast möttes av förvånade och skrämda blickar. Men Leo ställde sig framför Trulls och berättade för alla att Trulls bara ville fira Midsommar med dem. Efter en stund började byborna förstå att Trulls inte var farlig, utan bara ensam och vänlig.

Barnen samlades runt Trulls och började ställa massor av frågor. "Hur lever du i skogen? Vad äter du? Kan du berätta en saga?" Trulls log och satte sig ner med barnen runt sig. Han berättade om sitt liv i skogen, om alla djuren som var hans vänner, och om de magiska varelser han hade mött.

När kvällen kom, reste byborna majstången och alla hjälpte till att dekorera den med blommor och löv. Trulls, som var mycket stor och stark, hjälpte till att hänga de högsta blommorna på stången. Barnen gav honom en blomsterkrans som han stolt satte på sitt huvud.

När majstången var färdig började dansen. Alla, inklusive Trulls, höll varandra i händerna och dansade runt stången. Musik spelades på dragspel och fioler, och skratten ekade över hela byn. Trulls hade aldrig känt sig så lycklig. Han snurrade och dansade med barnen, och hans stora leende lyste upp hela hans ansikte.

Efter dansen var det dags för den stora midsommarmåltiden. Långbord dukades upp med sill, potatis, jordgubbar och gräddtårta. Trulls smakade på all den goda maten och skrattade när han fick grädde på näsan från jordgubbstårtan. Alla i byn skrattade och kände att Trulls hade blivit en del av deras gemenskap.

När solen började sänka sig och skuggorna blev längre, tändes midsommarbrasan. Elden kastade långa skuggor över marken och fyllde luften med doften av bränt trä och blommor. Trulls satt vid elden med de andra barnen, och byborna berättade sagor om gamla tider och magiska varelser.

"Berätta en saga, Trulls!" bad Lisa och lutade sig mot honom. Trulls log och började berätta om en gammal trollkung som hade skyddat skogen och alla dess invånare med sin magi. Barnen lyssnade fascinerat, och Trulls kände en värme sprida sig i hjärtat. Han visste att han hade hittat en plats där han hörde hemma.

När natten föll och elden började slockna, kände barnen sig trötta men lyckliga. Trulls satte sig ner och sjöng en vaggvisa från skogen, och snart hade alla barnen somnat vid eldens sken. Trulls vakade över dem, precis som han skulle ha gjort för sina egna små trollungar, och säkerställde att ingen dröm skulle störas av nattens skuggor.

När solen åter steg över horisonten, och den nya dagen grydde, vaknade Lisa och Emil med ett leende. De mindes natten som en dröm, men magin de kände var verklig. De visste att Midsommar alltid skulle vara en tid av glädje och magi, en tid då allt kunde hända.

Så småningom återvände Trulls till sin grotta i skogen, fylld med nya minnen och en känsla av gemenskap. Han visste att han alltid skulle ha vänner i Björkeby, och varje år när Midsommar närmade sig, såg han fram emot att återuppleva de magiska stunderna.

Och så levde de alla lyckliga, i det gröna landet Sverige, där midsommarnatten alltid skulle vara fylld av magi, äventyr och vänskap.

Trulls the Troll and the Magical Midsummer

Once upon a time, deep in an enchanted forest in Sweden, there lived a kind but very lonely troll named Trulls. Trulls lived in a cave under an old oak tree, covered in moss and winding vines. Despite his size and shaggy appearance, Trulls was very friendly and had a heart of gold. Unfortunately, all the villagers were afraid of him because they believed all trolls were dangerous and evil.

Every year as Midsummer approached, Trulls heard the sounds of joy and laughter from the small village of Björkeby near his forest. He watched from a distance as the villagers raised the maypole, made flower wreaths, and danced to the music. His heart filled with longing to join the festivities, but he never dared to come close.

One day, just before Midsummer's Eve, Trulls decided he could no longer stand his loneliness. He wanted to be part of the joy and celebration. So he put on his finest moss-covered outfit, brushed his long beard, and set off towards the village.

As Trulls approached the village, he saw the children Lisa and Emil picking flowers in a meadow. He hid behind a large stone and watched them. Suddenly, he heard a voice behind him. "What are you doing here, troll?" It was the village's brave boy, Leo, who had sneaked up on him.

Trulls flinched but looked kindly at Leo. "My name is Trulls, and I just want to celebrate Midsummer with you. I'm not dangerous, I promise."

Leo looked at Trulls for a long time and saw the honesty in his eyes. "Okay, Trulls. I believe you. Come, let's go meet the others."

Leo led Trulls to the village, where he was immediately met with surprised and scared looks. But Leo stood in front of Trulls and told everyone that Trulls just wanted to celebrate Midsummer with them. After a while, the villagers began to understand that Trulls wasn't dangerous, just lonely and friendly.

The children gathered around Trulls and began asking lots of questions. "How do you live in the forest? What do you eat? Can you tell us a story?" Trulls smiled and sat down with the children around him. He told them about his life in the forest, about all the animals that were his friends, and about the magical creatures he had met.

As evening came, the villagers raised the maypole, and everyone helped decorate it with flowers and leaves. Trulls, who was very large and strong, helped hang the highest flowers on the pole. The children gave him a flower wreath that he proudly placed on his head.

When the maypole was ready, the dancing began. Everyone, including Trulls, held hands and danced around the pole. Music played from accordions and fiddles, and laughter echoed throughout the village. Trulls had never felt so happy. He spun and danced with the children, and his big smile lit up his entire face.

After the dancing, it was time for the grand Midsummer meal. Long tables were set up with herring, potatoes, strawberries, and cream cake. Trulls tasted all the delicious food and laughed when he got cream on his nose from the strawberry cake. Everyone in the village laughed and felt that Trulls had become a part of their community.

As the sun began to set and the shadows grew longer, the Midsummer bonfire was lit. The fire cast long shadows over the ground and filled the air with the scent of burning wood and flowers. Trulls sat by the fire with the other children, and the villagers told stories about old times and magical creatures.

"Tell us a story, Trulls!" begged Lisa, leaning against him. Trulls smiled and began to tell them about an old troll king who had protected the forest and all its inhabitants with his magic. The children listened in fascination, and Trulls felt a warmth spread in his heart. He knew he had found a place where he belonged.

As night fell and the fire began to die down, the children felt tired but happy. Trulls sat down and sang a lullaby from the forest, and soon all the children had fallen asleep by the fire's glow. Trulls watched over them, just as he would have for his own little troll children, ensuring no dream was disturbed by the night's shadows.

When the sun rose again, and the new day dawned, Lisa and Emil woke up with smiles on their faces. They remembered the night as if it were a dream, but the magic they felt was real. They knew that Midsummer would always be a time of joy and magic, a time when anything could happen.

Eventually, Trulls returned to his cave in the forest, filled with new memories and a sense of community. He knew he would always have friends in Björkeby, and every year when Midsummer approached, he looked forward to reliving the magical moments.

And so they all lived happily ever after, in the green land of Sweden, where the Midsummer night would always be filled with magic, adventure, and friendship.

En Magisk Midsommar

Det var en varm sommardag i den lilla byn Lövbacken, där himlen var så blå och solen sken så starkt att det nästan kändes som om den ville ge alla en kram. Den enda som inte riktigt uppskattade värmen var Lukas och hans lillasyster Klara. De satt på verandan och gäspade av tristess.

"Det finns inget att göra," klagade Lukas och svettades i sommarhettan.

"Jag vet!" utropade Klara plötsligt och hoppade upp från gungstolen. "Vi kan gå och plocka jordgubbar hos farmor! Hon brukar ha massor i sin trädgård den här tiden på året."

Lukas höjde på ögonbrynen. Att plocka jordgubbar? Det lät inte precis som den mest spännande aktiviteten. Men när han tänkte efter hade han inte något bättre förslag, så han nickade instämmande. De bestämde sig för att bege sig iväg till farmor Elvira's hus.

När de kom fram till farmors hus, möttes de av den underbara doften av nyskördade jordgubbar. Farmor Elvira stod redan i trädgården, iförd sin blomstrande sommarklänning och ett leende som sträckte sig från öra till öra.

"Hej där, mina kära!" hälsade hon glatt när Lukas och Klara kom fram till henne. "Är ni redo att plocka några av de saftigaste jordgubbarna i hela Lövbacken?"

Lukas och Klara nickade entusiastiskt. Farmor Elvira gav dem varsin korg och en kort lektion om hur man väljer de bästa jordgubbarna och hur man undviker att bli stucken av de små taggiga bladen.

"Kom igen nu, barn," sa farmor och ledde dem till jordgubbslandet. "Vi ska se vem som kan plocka flest och störst jordgubbar!"

Lukas och Klara kastade sig in i arbetet med iver. De letade bland löven och försökte hitta de rödaste och mest saftiga jordgubbarna. Snart var deras korgar fyllda till brädden med läckra bär, och farmor Elvira applåderade deras skicklighet.

"När vi är klara med jordgubbsplockningen ska vi ha en riktig midsommarfest!" utropade farmor glatt. "Vi ska dansa runt majstången!"

Lukas och Klara skrattade och nickade. Det lät som en fantastisk plan.

När de kom tillbaka till farmors hus, satte de genast igång med att förbereda för festen. Farmor Elvira visade dem hur man bakade den perfekta jordgubbspajen med en knäckig botten och ett generöst lager av färska jordgubbar på toppen.

Medan pajen var i ugnen, gick de ut i trädgården för att dansa runt majstången. Lukas och Klara skuttade och hoppade runt stången medan farmor Elvira spelade uppåt en glad melodi på sin fiol. Det var som om själva solen hade kommit ner för att delta i deras festligheter.

När pajen var klar, dukade de upp ett långbord i trädgården och bjöd in några av grannarna att delta i festen. Alla samlades runt bordet och njöt av den läckra jordgubbspajen tillsammans.

"Det här är den bästa midsommarfesten någonsin!" utropade Lukas och tittade på sin syster och farmor med ett brett leende.

"Ja, det är det verkligen," sa Klara och nickade instämmande.

Farmor Elvira log och kramade sina älskade barnbarn hårt. "Det här är vad midsommar handlar om," sa hon. "Att vara tillsammans med dem vi älskar och njuta av de enkla glädjerna i livet."

Lukas och Klara kände en varm känsla av lycka och tacksamhet sprida sig inom dem. De visste att de skulle minnas den här dagen för alltid och att den skulle bli en av deras mest älskade minnen från barndomen.

Och när solen så småningom gick ner och stjärnorna tändes på himlen, satt de alla tre tillsammans på verandan och tittade ut över den lugna natten. De viskade historier och skrattade tillsammans, känslan av gemenskap och kärlek som fyllde deras hjärtan var lika ljuvlig som smaken av de saftiga jordgubbarna de hade plockat tidigare på dagen.

Och så levde de alla lyckliga, i den lilla byn Lövbacken, där sommarsolståndet alltid skulle vara fylld av glädje, gemenskap och, självklart, de ljuvliga smakerna av färska jordgubbar och farmor Elviras kärlek.

A Magical Midsummer

It was a warm summer day in the small village of Lövbacken, where the sky was so blue and the sun shone so brightly that it almost felt like it wanted to give everyone a hug. The only ones who didn't quite appreciate the heat were Lukas and his little sister Klara. They sat on the porch, yawning from boredom.

"There's nothing to do," complained Lukas, sweating in the summer heat.

"I know!" exclaimed Klara suddenly, jumping up from the rocking chair. "We can go pick strawberries at grandma's! She usually has lots in her garden this time of year."

Lukas raised an eyebrow. Picking strawberries? That didn't sound like the most exciting activity. But when he thought about it, he didn't have a better suggestion, so he nodded in agreement. They decided to head to Grandma Elvira's house.

When they arrived at Grandma's house, they were greeted by the wonderful scent of freshly picked strawberries. Grandma Elvira was already in the garden, wearing her blooming summer dress and a smile that stretched from ear to ear.

"Hello, my dears!" she greeted happily as Lukas and Klara approached her. "Are you ready to pick some of the juiciest strawberries in all of Lövbacken?"

Lukas and Klara nodded enthusiastically. Grandma Elvira gave them each a basket and a brief lesson on how to choose the best strawberries and how to avoid getting pricked by the little thorny leaves.

"Come on, children," said Grandma, leading them to the strawberry patch. "Let's see who can pick the most and biggest strawberries!"

Lukas and Klara dove into the task with enthusiasm. They searched among the leaves, trying to find the reddest and juiciest strawberries. Soon, their baskets were overflowing with delicious berries, and Grandma Elvira applauded their skill.

"When we're done picking strawberries, we'll have a real Midsummer party!" exclaimed Grandma happily. "We'll dance around the maypole!"

Lukas and Klara laughed and nodded. It sounded like a fantastic plan.

When they returned to Grandma's house, they immediately set to work preparing for the party. Grandma Elvira showed them how to bake the perfect strawberry pie with a crispy crust and a generous layer of fresh strawberries on top.

While the pie was baking, they went out into the garden to dance around the maypole. Lukas and Klara skipped and jumped around the pole while Grandma Elvira played a cheerful tune on her violin. It was as if the sun itself had come down to join in their festivities.

When the pie was ready, they set up a long table in the garden and invited some of the neighbors to join the party. Everyone gathered around the table and enjoyed the delicious strawberry pie together.

"This is the best Midsummer party ever!" exclaimed Lukas, looking at his sister and Grandma with a wide smile.

"Yes, it really is," agreed Klara, nodding in agreement.

Grandma Elvira smiled and hugged her beloved grandchildren tightly. "This is what Midsummer is all about," she said. "Being together with the ones we love and enjoying the simple joys of life."

Lukas and Klara felt a warm feeling of happiness and gratitude spreading within them. They knew they would remember this day forever and that it would become one of their most cherished memories from childhood.

And as the sun eventually set and the stars lit up the sky, they all sat together on the porch, looking out over the peaceful night. They whispered stories and laughed together, the feeling of community and love filling their hearts as sweetly as the taste of the juicy strawberries they had picked earlier in the day.

And so they all lived happily ever after, in the small village of Lövbacken, where the summer solstice would always be filled with joy, community, and, of course, the delightful flavors of fresh strawberries and Grandma Elvira's love.

Printed by Libri Plureos GmbH in Hamburg,
Germany